AF261064

DE LA CANDIDATURE

A LA PRÉSIDENCE,

DU REPRÉSENTANT

LOUIS-NAPOLÉON BONAPARTE;

PAR

Gustave de Romand,

DÉDIÉ A MM. LES MEMBRES DU CONGRÈS DE TOURS.

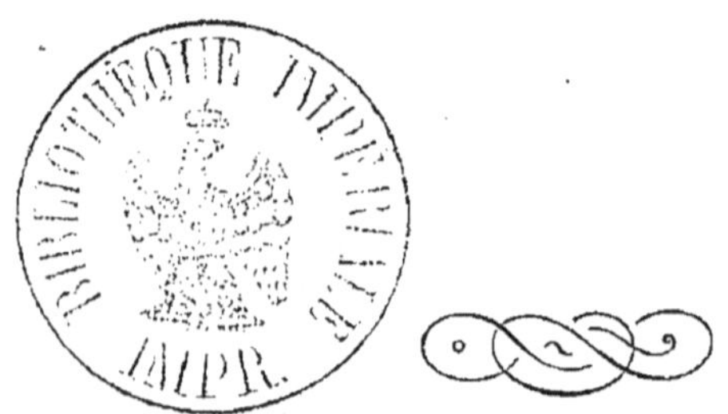

BRUXELLES,

J.-A. MAYER ET FLATAU, LIBRAIRES,
5, RUE DE LA MADELEINE.

AIX-LA-CHAPELLE ET LEIPZIC,
J.-A. MAYER.

1848

DE LA CANDIDATURE A LA PRÉSIDENCE

DU REPRÉSENTANT

LOUIS-NAPOLÉON BONAPARTE.

Une inconvenante et ridicule interpellation vient de provoquer le représentant Louis-Napoléon Bonaparte à déclarer du haut de la tribune qu'il acceptait la candidature de la présidence de la République, parce qu'il était autorisé à croire que la France regardait le *nom* qu'il porte comme pouvant servir à la consolidation de la société ébranlée.

Ce sera une des plus grandes hontes de notre triste époque que le spectacle des colères et des terreurs qui s'est produit dans les hautes régions politiques à la suite de cette déclaration simple et précise.

Quel est donc le fondement de ces colères et de ces terreurs? De quel droit s'irriter? Pourquoi cette fureur insensée et ce trouble pusillanime? La lice n'est-elle pas également ouverte à tous?.... La présidence est au concours, et elle appartiendra légitimement à celui que la majorité du pays en aura jugé le plus digne.

Le secret de ces colères et de ces terreurs consiste en ceci, c'est que l'élection à la présidence va faire rentrer, bon gré mal gré, sous la loi commune, et soumettre à la volonté du pays librement consulté, les diverses coteries qui exploitent la République à leur profit et qui sacrifient plus ou moins insolemment les intérêts généraux à l'intérêt de leurs passions et de leurs préjugés.

Observons, en effet, les traits saillants de la physionomie politique de la France depuis le 24 février. Nous remarquons d'abord la dictature d'une ville et une population d'un million d'âmes qui impose la République à 34 millions de citoyens ! vient ensuite une lutte sanglante entre la dictature des clubs parisiens mécontents des élections générales et la dictature de l'Assemblée issue de ces élections ! On voit enfin la dictature du général Cavaignac, l'état de siége pendant 117 jours, l'armée d'occupation de Paris, partout le despotisme et l'arbitraire, nulle part la justice et la liberté !

L'Assemblée nationale, trompant l'espoir d'une audacieuse et détestable intrigue, a eu le bon sens de résister aux suggestions qui l'enlaçaient de toutes parts, et elle a consacré solennellement dans la Constitution le droit du peuple à choisir directement et sans intermédiaire le chef *temporaire* du pouvoir exécutif.

D'où vient donc que cette Assemblée qui avait reculé si sagement devant une monstrueuse et flagrante usurpation de la souveraineté nationale, semble tout à coup saisie de vertige, et que, revenant sur ses pas avant d'avoir atteint le but, elle porte elle-même le désordre et la confusion dans son œuvre, en attentant aux prérogatives déjà si restreintes des conseils généraux, émanation aussi sacrée que la sienne du suffrage universel, et en mutilant à l'avance d'une main mal assurée cette suprême magistrature de la présidence qu'elle décrétait la veille comme une mesure de salut public ?

Que l'Assemblée nationale y prenne garde ! Elle est le jouet des calculs misérables d'un parti en minorité dans son sein et surtout dans le sein du pays ; ce parti qui touche à sa dernière heure tente, pour prolonger son agonie, les vains efforts d'une rage et d'une ambition désespérées, et se flatte d'engager l'Assemblée nationale, à son insu, dans une solidarité politique qui serait pour elle un suicide moral anticipé !

Le représentant Louis-Napoléon Bonaparte, au retour d'un long exil, appuie sur son *nom* sa candidature à la présidence de la République.

Qu'est-ce qu'un nom? lui répond avec fureur le *National!* n'est-ce pas cette hérédité que la République a détruite, et que nous ne cesserons de combattre jusqu'à notre dernier soupir !

Le raisonnement du *National* est faux; son égoïsme l'aveugle !

Un *nom*, consacré par le baptême du vote universel, n'est plus, quoi qu'il dise, la représentation de l'hérédité politique qui lui inspire tant d'aversion et de mépris.

Un tel *nom*, c'est une autre espèce d'hérédité que le *National* prétend respecter, et que le socialisme seul a osé maudire; c'est l'hérédité dans la famille, et l'hérédité de la famille ne consiste pas moins dans l'héritage moral que dans l'héritage matériel.

Un *nom*, c'est une tradition; c'est la puissance indestructible des premières impressions de la vie ; c'est l'éducation qui fait l'homme mieux que l'instruction; c'est l'enseignement du devoir; c'est le soutien du caractère ; c'est le respect de soi-même et des autres; c'est la force et la règle de l'opinion.

Un *nom*, c'est souvent le seul héritage de l'héroïsme ou du génie, mais cet héritage ne sera jamais sans valeur sur la noble terre de France.

Qu'est-ce donc que ce *nom* que le représentant Louis-Napoléon Bonaparte estime pouvoir servir à la consolidation de la société ébranlée?...... C'est un *nom* grand comme le monde, mais qui accable par sa grandeur !

Ce *nom* s'appelle dans l'histoire le *Consulat* et l'*Empire* ;

c'est la République, mais c'est aussi la Monarchie élective ; alternative brûlante et qui ressemble à un danger !

Ce *nom*, c'est la guerre et la conquête ; c'est la plus éclatante infortune et la plus éclatante prospérité ; c'est la même grandeur incommensurable partout et toujours.

Ce *nom*, c'est l'ordre, mais le despotisme révolutionnaire ; c'est la prépondérance politique de l'armée ; c'est une menace pour les nationalités: c'est un défi à l'Europe qui l'a écrasé à Waterloo et exilé à Sainte-Hélène.

Ce *nom* fabuleux est-il donc le dénoûment de la situation actuelle? L'*avenir appartient*-il à ce *nom*, comme l'annonce un des esprits les plus distingués de notre époque? Les circonstances sont aujourd'hui assez graves pour que nous songions d'abord au présent avant de nous préoccuper de l'avenir.

Certes, si la France en est réduite à opter entre les traditions de la Convention et les traditions du Consulat, son choix ne sera pas douteux, et ce que la France *connaît* des traditions de la Convention serait pour elle une extrémité cent fois pire que l'*inconnu* des traditions napoléonniennes !

Que ceux qui redoutent si fort l'avénement du représentant Louis-Napoléon Bonaparte à la présidence de la République y réfléchissent donc mûrement, puisqu'il en est temps encore ; il n'existe qu'un seul moyen honorable et efficace de combattre victorieusement peut-être la candidature qui leur cause tant de colère et d'effroi: c'est de rendre la France tout à fait libre dans ses choix, en rappelant la loi de proscription qui frappe en ce moment cette auguste maison de Bourbon, dont le *nom* est, avec celui de l'empereur Napoléon, le plus riche patrimoine de gloire pour la France.

Les républicains de la veille, encore étourdis de leur succès inespéré, ne se sont jamais suffisamment rendu compte, nous aimons à le croire pour leur honneur, de leur imperceptible

minorité au sein de la nation; mais chaque jour leur prou-
vera davantage qu'il est plus facile au pays d'accepter la
forme républicaine que d'accepter leurs fausses et étroites
doctrines de gouvernement.

La République à laquelle nous sommes encore assez étran-
gers par nos mœurs, n'est guère accessible à nos esprits que
par le seul fait des divisions monarchiques du pays; le triomphe de la République en France est l'œuvre des légitimistes,
des orléanistes et des bonapartistes, bien plutôt que celle des
républicains de la veille.

Un pays auquel manque l'unité de foi politique ne peut rien
faire de mieux, en effet, que de se constituer en République
et de s'imposer pour règle et pour principe de gouvernement
la volonté *bien constatée* de la majorité.

Tel est le sens de la République en France ; telle est son
unique raison d'existence ; telle est son unique condition de
durée; c'en est fait de la République, si les républicains sin-
cères tardent davantage à sanctionner par des actes solennels
cette vérité.

Quel n'est donc pas l'aveuglement des tristes haines qui
ont imaginé de protéger la République par des lois d'exil et
de proscription, sans s'apercevoir que ces moyens honteux
pouvaient conduire la République à sa ruine puisqu'ils
créaient ainsi par la violence une unité d'opinion factice qui
tournerait infailliblement contre leur but.

On dira peut-être que la volonté n'a pas manqué aux fau-
teurs de proscription pour envelopper les Bonapartes dans
le même ostracisme que les Bourbons, mais que le sentiment
public s'est manifesté avec une spontanéité et un éclat qu'ils
n'ont pas osé braver.

Plus les faits sur lesquels se base cette objection sont mal-
heureusement incontestables, moins nous comprenons qu'une
majorité vraiment républicaine ne se soit pas rencontrée qui

ait senti la nécessité d'opposer l'influence des Bourbons à l'influence des Bonapartes, et de neutraliser ainsi les uns par les autres, autant que possible, les divers partis monarchiques au profit d'un grand parti républicain qui aurait réuni et confondu dans son sein, au nom d'un même patriotisme, tous les vieux partis du passé.

Dans les conjonctures présentes, il est certain que la candidature du représentant Louis-Napoléon Bonaparte sera considérée par un très-grand nombre d'électeurs comme une protestation légitime contre le gouvernement républicain qui leur a été imposé moins de gré que de force, et que beaucoup d'orléanistes et de légitimistes même grossiront les rangs des bonapartistes *purs,* en ressentiment de cette loi de proscription qui les blesse dans leurs plus chers sentiments.

Il n'y a donc pas à douter que si la loi d'exil rendue contre la maison de Bourbon n'est point rapportée avant le 10 décembre prochain, d'innombrables votes se coaliseront, grâces à elle, en faveur du représentant Louis-Napoléon Bonaparte, et lui assureront ainsi le nombre de suffrages déterminé par la Constitution.

Quel est le caractère fondamental, essentiel, supérieur qui doit marquer l'élection à la présidence pour que cette élection réponde au sentiment dominant du pays? C'est un caractère *absolu* de réprobation envers la politique qui déshonore et qui ruine la France depuis le 24 février. Gouvernement provisoire, commission exécutive, présidence du général Cavaignac, tout a été également funeste, tout est également antipathique à la raison, à la justice, à la liberté. On a beau mettre hors de toute question l'honnêteté et la sincérité du général Cavaignac, son fanatisme repousse et épouvante! Le général Cavaignac s'est perdu dans l'opinion publique le jour où il a dit à la tribune *qu'il répondrait par l'état de siége à toute discussion du principe républicain, et où, se glorifiant de descendre d'un conventionnel renommé, il a déclaré qu'il était prêt à sacrifier à la République jusqu'à son honneur.*

Le général Cavaignac n'est guère au fond que l'instrument du parti dont M. Armand Marrast est le chef, parti qui comprend la République à la manière dont Philippe II comprenait la monarchie, c'est-à-dire comme une chose au-dessus de tout examen, et qui ne compte que sur l'usage de la force matérielle pour établir l'unité de la foi !

Ce parti ne conserve plus de mystères pour la France depuis la discussion de la Constitution ; c'est le promoteur de l'état de siége, de la suspension des journaux, des emprisonnements arbitraires, des budgets de dix-huit cent millions ; c'est l'ennemi systématique et mortel de toutes les libertés qui forment la base d'un gouvernement républicain digne de ce nom ; c'est enfin le bourreau de la fortune publique et de la fortune privée.

Les élections des conseils municipaux, des conseils d'arrondissements, des conseils généraux ont déjà protesté avec éclat contre ce système de tyrannie et d'iniquité, et la centralisation a tenté de vains efforts pour étouffer le cri de l'indignation universelle ; l'élection du président de la République offrira bientôt au pays une occasion plus décisive encore de flétrir sans retour les procédés politiques des républicains de la veille. La candidature du représentant Louis-Napoléon Bonaparte, à défaut de tout autre mérite supérieur, aurait donc encore très-assurément celui d'être la plus éclatante répudiation d'un passé *sans nom*, mélange d'anarchie et de despotisme, chaos moral et matériel qui aurait déjà détruit notre malheureuse société s'il dépendait des utopistes de Paris de la détruire.

Le *Congrès de la presse départementale* qui s'est rendu naguère, à *Tours*, l'organe d'une imposante manifestation des vœux du pays en faveur de la *décentralisation*, est convoqué le 5 novembre à Paris, pour délibérer sur les nécessités de la prochaine élection à la Présidence.

Nous professons une égale confiance dans le sincère esprit de liberté qui anime les membres de ce Congrès, et dans la sagesse de ses inspirations dont ses travaux de Tours sont pour nous un précieux gage. Nous espérons donc voir le Congrès de la presse départementale prendre pour base de ses déterminations, l'absolue nécessité d'enlever le pouvoir d'entre les mains du général Cavaignac et de la coterie dont il est l'instrument, *et qu'il avisera en outre à toutes les éventualités auxquelles pourrait donner lieu l'explosion d'une insurrection dans Paris, avant l'époque fixée pour l'élection à la Présidence.*

Il importe que le *Congrès* dont les résolutions sont appelées à exercer tant d'influence sur le résultat de l'élection à la Présidence, se rende bien compte du but qu'il veut atteindre, et des moyens d'action dont il dispose. Nous l'adjurons donc de bien réfléchir si, en présence de la loi de proscription qui pèse sur la Maison de Bourbon, l'intérêt des principes qu'il défend ne lui fait pas un devoir de soutenir de toutes ses forces la candidature du représentant Louis-Napoléon Bonaparte, comme *la seule* qui puisse réunir le nombre de suffrages suffisans pour que le Président de la République émane *directement* du suffrage universel.

Nos instincts ne sont nullement bonapartistes, dans la vulgaire acception de ce mot; et cependant nous adhérons sans réserve à la déclaration du représentant Louis-Napoléon Bonaparte, que le *nom* qu'il porte doit servir à la consolidation de la société ébranlée, et nous ajoutons même pour notre part, que faute d'un Bourbon ou d'un Washington, aucun autre *nom* ne nous semble devoir mieux servir que le sien au rétablissement de la liberté.

Ce *nom* qui est un épouvantail pour la liberté obligera le

représentant Louis-Napoléon Bonaparte à se montrer d'autant plus favorable aux intérêts de la liberté, que, *selon la propre doctrine du général Cavaignac, il est nécessaire de porter un nom cher à la liberté pour avoir le droit d'outrager la liberté.*

Ce *nom*, qui rappelle la guerre et la conquête et qui apparaît comme une menace aux nationalités, prescrira au représentant Louis-Napoléon Bonaparte d'autant plus de réserve et de modération dans sa politique extérieure, et cette modération lui sera d'autant plus facile que la Révolution n'étant plus attaquée en sa personne, comme elle le fut jadis dans la personne de l'Empereur son oncle, il ne sera pas obligé comme lui, de porter la guerre à l'étranger pour déjouerses complots.

Nous devons encore avouer que nous attachons une immense importance à la signification du concours déclaré que prête au représentant Louis-Napoléon Bonaparte un des organes les plus importants de la presse périodique en France et en Europe.

Les opinions connues et arrêtées de M. Émile de Girardin nous semblent donc encore une sérieuse garantie contre le péril des entraînements présumés du représentant Louis-Napoléon Bonaparte pour ce qui concerne les entreprises militaires et la prépondérance politique de l'armée.

Nous dirons enfin que, dans l'état des mœurs et des idées de la France, avec sa longue pratique de la liberté de la presse et de la liberté de la tribune, au milieu du mouvement général d'émancipation qui se produit sur toute la surface du sol français, aucune tentative de despotisme ne saurait jamais réussir de la part d'un Bonaparte ou de la part d'un Bourbon, et que, si le danger du despotisme existe, *il est ailleurs.*

Autant le pouvoir irresponsable d'une Assemblée *unique*

Comme la Convention, serait redoutable pour la liberté, autant
nous craindrions peu les plus mauvaises tendances d'un président responsable qui n'aurait pas, comme le général Cavaignac, *l'avantage effrayant d'être l'incarnation politique de la
Convention!*

La Révolution de février aurait depuis longtemps révélé
son *Washington*, si elle renfermait un *Washington* dans son
sein; mais cette triste révolution n'a pas même produit un
Lafayette!

Aucune capacité politique vraiment supérieure ne s'est
manifestée dans la discussion de la Constitution, et M. Alexis
de Tocqueville est presque le seul orateur qui se soit élevé
au-dessus des misérables perspectives du temps présent.

La centralisation arrête l'essor de l'esprit politique en
France; la centralisation verra de grands administrateurs
comme M. Thiers, des utopistes comme M. Louis Blanc,
des révolutionnaires comme M. Cavaignac et ses amis, mais
elle n'engendrera jamais cette forte race d'esprits *libéraux* et
pratiques d'où sortent les Washington, les Chatam, les Peel;
elle confondra toujours le gouvernement et l'oppression,
l'opposition et les bouleversements désordonnés. *La Réforme*
a dit dédaigneusement : Washington est mort!...........
Washington, au contraire, ne nous est pas né, et l'école républicaine que représentent la *Réforme* et le *National* est un
plus grand obstacle à sa venue que ne le fut jamais la monarchie elle-même.

L'idée-mère d'un Washington, l'idée d'où surgira peut-
être un jour le Washington de la France et une France digne
d'avoir un Washington, est apparue, il y a quelques se-
maines, au grand scandale des républicains de la veille, dans
le Congrès de la presse départementale à *Tours;* cette idée,
c'est la décentralisation que les doctrinaires de nos vieilles
écoles politiques s'évertueront en vain à repousser et qui

prévaudra contre eux et malgré eux, parce que c'est en elle
· *seule* que la France trouvera l'ordre, la liberté, le calme auquel elle aspire et qu'elle ne goûtera jamais ailleurs.

La France chercherait vainement un *sauveur* parmi les
personnages du drame révolutionnaire qui se joue devant elle
à Paris depuis le mois de février; cet homme qui doit conduire le navire au port et l'arracher à la fureur des flots irri-
tés est encore *inconnu,* mais si *aucun président digne de la
présidence* n'a surgi des barricades de février et de juin, une
idée de salut a surgi du milieu des départements opprimés, et
les départements, à défaut d'un homme pour soutenir cette
idée, doivent du moins la soutenir eux-mêmes, en excluant,
d'abord, de la possession du pouvoir ses plus mortels en-
nemis!

Le représentant Louis-Napoléon Bonaparte offre aux départements cet avantage *négatif quoique précieux,* vis-à-vis
du général Cavaignac, qu'en admettant même qu'il fut,
comme ce dernier, l'ennemi de la décentralisation, ce qui est
incertain, il trouverait dans le *nom* qu'il porte *moins de puissance* pour la combattre que le général Cavaignac n'en trouverait certainement dans les funestes traditions de la Convention *qu'il représente.*

Le général Cavaignac, *c'est la Convention,* moins le
maximum et l'échafaud!

Le représentant Louis-Napoléon Bonaparte, ce serait *le
Consulat,* moins la guerre.

Le Consulat nous paraît, à tout prendre, un progrès sur
la Convention!

Le représentant Louis-Napoléon étant le *seul* candidat qui,
à défaut d'un Bourbon, puisse surmonter aujourd'hui les in-
fluences électorales que la centralisation met au service du
général Cavaignac, les départements ne peuvent pas, selon

nous, hésiter, *par cela seul,* à se prononcer unanimement en sa faveur.

Si le général Cavaignac, profitant en juin des faveurs inespérées de la fortune, avait su comprendre toute la portée de cet admirable mouvement des départements, qui a mieux assuré la victoire définitive de l'ordre sur l'anarchie, que le triomphe matériel obtenu par l'armée dans les rues de Paris, ce n'est pas sur l'état de siége et sur l'armée d'occupation de Paris, ce n'est pas sur des violences misérables contre la presse qu'il eût placé sa confiance et sa force, c'est sur l'affranchissement des départements de l'infâme dictature de Paris, c'est sur un large système de décentralisation et de liberté, et la France, alors, n'eût jamais songé à lui opposer aucun Bonaparte ni aucun Bourbon dans l'élection à la présidence! La fortune et la France ont tout fait pour le général Cavaignac, et le général Cavaignac a tourné le dos à la fortune et à la France!

Le représentant Louis-Napoléon Bonaparte se trouve donc aujourd'hui, par la force des choses, le candidat obligé des départements, parce qu'il est le *seul* qui leur offre *la certitude de l'exclusion* de M. le général Cavaignac, et parce qu'il est aussi le *seul* de tous les candidats à la présidence, avoués jusqu'à ce jour, dont le *nom* ne soit pas un *sérieux* danger pour la décentralisation, pour la liberté, ou pour l'ordre.

Bruxelles, 30 octobre 1848.